Pe. HÉLIO LIBARDI, C.Ss.R.

JESUS,
O GRANDE MESTRE

Histórias da Bíblia para crianças

EDITORA SANTUÁRIO
Aparecida-SP

DIRETORES EDITORIAIS:
Carlos da Silva
Marcelo C. Araújo

EDITORES:
Avelino Grassi
Roberto Girola

COORDENAÇÃO EDITORIAL:
Denílson Luís dos Santos Moreira

REVISÃO:
Lígia Maria Leite de Assis

DIAGRAMAÇÃO:
Juliano de Sousa Cervelin

CAPA:
Alex Luis Siqueira Santos

COPIDESQUE:
Ana Lúcia de Castro Leite

Ilustrações tiradas do Clip Art CD-ROM da Liguori Faithware

Dados Internacionais de Catalogação na Publicação (CIP)
(Câmara Brasileira do Livro, SP, Brasil)

Libardi, Hélio
 Jesus, o grande mestre - Histórias da Bíblia para crianças / Hélio Libardi. – Aparecida, SP: Editora Santuário, 2007.

 Inclui ilustrações CD-ROM
 ISBN 978-85-369-0090-2

 1. Jesus Cristo – Ensinamentos 2. Jesus Cristo – Pessoa e missão I. Título.

07-0292 CDD-232.07

Índices para catálogo sistemático:

1. Jesus Cristo: Ensinamentos: Cristologia
 232.07

Todos os direitos reservados à **EDITORA SANTUÁRIO** — 2007

Composição, CTcP, impressão e acabamento:
EDITORA SANTUÁRIO - Rua Padre Claro Monteiro, 342
Fone: (12) 3104-2000 — 12570-000 — Aparecida-SP.

Ano: 2012 2011 2010 2009
Edição: 7   6   5   4   3   2

Apresentando

Caros amiguinhos e amiguinhas

Ao escrever este livro, pensei em ajudar vocês a viverem uma vida mais feliz. Por isso coloquei neste livro várias coisas que Jesus ensinou. Ele é o grande Mestre que pode nos ajudar a sermos felizes. Se Ele nos acompanhar sempre, vamos ser pessoas excelentes e vamos viver uma vida muito gostosa.

Leiam o que escrevi e leiam também os textos bíblicos; tudo isso vai ajudar vocês a perceberem como são lindos e bons os ensinamentos de Jesus.

Se formos melhores, poderemos ajudar os outros a serem também melhores. Vamos caminhar juntos por estas páginas, aprendendo com Jesus.

Com carinho.

Pe. Hélio de P. Libardi, C.Ss.R.

Jesus, o grande Mestre

Jesus foi o maior Mestre que viveu neste mundo faz um bom tempo. Ele nasceu em um tempo que não havia tanto progresso como hoje; as pessoas não andavam de avião, ônibus, trem; elas andavam a pé e, no máximo, cavalgando em animais ou de carruagem.

Como todos os meninos, Ele também devia ir todos os sábados à escola, onde os judeus se reuniam para ler a Bíblia. Esse lugar se chamava "Sinagoga".

Ele se tornou inteligente e sabia explicar bem as coisas de uma maneira que todos podiam compreender.

Quando lemos os Evangelhos, vemos como Jesus ensinava nas praias, nos montes, nas estradas, nas sinagogas e andando de um lugar para o outro. Penso que se houvesse televisão, Ele aproveitaria disso para ensinar.

Apareceram no mundo outras pessoas que também foram mestres, ensinaram o povo, mas para nós interessa mais o que Jesus ensinou. Ele é o nosso grande Mestre.

Quando lemos a Bíblia, parece que estamos vendo e ouvindo Jesus falar conosco. Ele é o maior Mestre, porque aprendeu de Deus que é seu Pai. Se Ele não soubesse escutar Deus, Ele não teria aprendido coisas importantes que o Pai lhe ensinou.

Antes de vir à terra e se tornar homem no seio de Maria de Nazaré, Ele vivia com Deus, Ele era Deus. Como filho obediente, ensinou a todos nós a obedecer pai e mãe.

Ele foi um grande Mestre porque amava as pessoas, principalmente as que eram mais simples. Queria que todos conhecessem os segredos de Deus. Até as crianças gostavam de estar com Ele, porque conversava com elas e lhes dava atenção.

Um dia, alguns pais levaram as crianças para verem Jesus, mas havia uma multidão, e os amigos de Jesus mandaram os pais irem embora e levarem seus filhos, porque o Mestre estava ocupado. Quando Jesus notou o que estava acontecendo, chamou a atenção deles e disse: "Deixem as crianças virem a mim, não as impeçam..." (Mc 10,14). Apesar de estar ocupado, achou importante estar com as crianças.

Ensinando às crianças as coisas de Deus, Jesus sabia que elas seriam mais felizes. Se também falamos para os outros as coisas que aprendemos sobre Deus, todos podem viver mais felizes.

Uma vez, Ele chamou uma criança, para dar uma lição para seus amigos. Uma criança pode ensinar muita coisa aos adultos. Aí é que está o segredo. Colocou a criança no meio de seus discípulos e lhes disse que deviam ser como as crianças, para poderem entrar no Reino dos céus.

Mas como um adulto pode ser criança? Geralmente, as crianças sabem menos que os adultos e querem aprender com os adultos. Jesus estava dizendo que seus discípulos precisavam ser humildes e simples como as crianças (Mt 18,1-5).

Os ensinamentos de Jesus são mais importantes que nossas idéias. Jesus é um grande Mestre, porque explicava as coisas de um modo que as pessoas mais simples podiam entender. E todos as guardavam na memória e no coração. Ele fazia muitas comparações, contava histórias que se chamavam "parábolas".

Num discurso que fez para muitas pessoas, Ele disse: "Olhem as aves dos céus; elas não semeiam e nem plantam, nem guardam comida para o outro dia, mas Deus as alimenta e cuida delas... Olhem também os lírios do campo, eles não trabalham e são bonitos. Nem o rei Salomão se vestiu melhor que eles".

Jesus deixou uma lição muito boa: "Vocês valem mais do que as aves dos céus e Deus, que cuida das flores, vai cuidar também de vocês" (Mt 6,25-33). Essa é uma lição que ensina as pessoas a confiarem em Deus e não se preocuparem tanto com as coisas do mundo.

Nós temos que trabalhar para cuidar de todos, mas ninguém deve ficar agarrado àquilo que tem; precisamos ajudar os outros. Quando cuidamos dos outros, Deus cuida de nós. Deus está em primeiro lugar. É difícil acreditar nisso?

As pessoas ficavam impressionadas ao ouvir Jesus falar e com seu modo de ensinar. Era interessante escutá-lo. O que Ele dizia levava as pessoas a pensarem e agirem de um modo certo.

Como será que podemos aprender de Jesus? As pessoas viveram com Jesus e depois procuraram escrever tudo o que lembravam. Assim, o que Ele falou está escrito no Novo Testamento da Bíblia.

Quando Jesus subiu ao monte, juntamente com Tiago, João e Pedro, aconteceu algo interessante. Jesus se transfigurou diante deles, seu rosto ficou radiante, suas vestes ficaram brilhantes e uma voz falou: "Este é meu Filho amado, escutem o que Ele diz" (Mt 17,5). Essa era a voz de Deus. Foi Deus que disse que devemos ouvir Jesus.

Hoje, nós vamos obedecer a Deus, escutando Jesus e aprendendo o que Ele ensinou. Temos que ler as histórias da Bíblia que falam dele. Não podemos ter preguiça de aprender; nós vamos gostar muito e nossa vida vai ser bem melhor. E, depois que aprendermos, vamos contar para os outros as coisas boas que Jesus nos ensinou, e eles também vão ser felizes.

Uma carta de amor

Vejo sempre como as crianças gostam de livros com muitas figuras ou livros de historinhas, de bichos. São livros atraentes e divertidos.

Os melhores livros do mundo são aqueles que nos falam de Deus. O mais importante se chama Bíblia, porque nos fala de Deus, das coisas lindas que Deus fez e continua fazendo. Ele mostra também como podemos fazer para estarmos unidos com Deus. É como uma grande carta de amor. Não é muito fácil de ler e entender, mas vamos gostando à medida que vamos lendo.

Deus não escreveu a Bíblia. As mensagens nela contidas são baseadas nos acontecimentos e relatos ocorridos ao longo de muito tempo, reunidos num único livro.

Os astronautas mandam sempre suas mensagens à Terra; pelo rádio e televisão as pessoas se comunicam entre si, enviando suas mensagens umas para as outras. No deserto, Moisés não viu Deus, viu apenas um fogo na sarça, mas ouviu a voz de Deus. No monte Sinai, Deus também falou e o povo escutou sua voz no meio de relâmpagos e trovões. E Moisés escreveu sobre esses fatos, que agora fazem parte da Bíblia (Êx 20,18; 3,1-22).

Bíblia é uma palavra da língua grega que quer dizer "muitos livros". De fato, podemos dizer que é uma pequena biblioteca, uma coleção de livros bem diversos. Mas é um livro de Deus, que revela seu amor por nós.

Fala-se, na tradição, que Moisés escreveu os cinco primeiros livros da Bíblia. Mas não foi ele que escreveu toda a Bíblia. Deus usou muitas pessoas para escreverem tudo o que era ensinado para o povo. Naquele tempo, não havia papel, por isso muita coisa era transmitida de uma pessoa para a outra. O que admiramos é como Deus conservou certa a mensagem mesmo através dos tempos, até que alguém a escrevesse.

Vamos dividir a Bíblia em duas partes: O Antigo Testamento, que vai revelando Deus aos judeus e ao mesmo tempo vai organizando esse povo, que Deus escolheu para ser seu. O Novo Testamento completa o ensinamento sobre Deus dado por Jesus e ensina que Jesus é o caminho para sermos felizes.

Muitos anos foram precisos para escrever a Bíblia. Tem livro que levou 400 anos para ser escrito como está hoje. Apesar de demorar tanto para ser escrita, a mensagem está como Deus a revelou.

Alguns homens na Bíblia ficaram conhecidos por causa da sua missão. Abraão foi tão importante que é chamado "Pai do povo judeu". Desse povo nasceu Jesus. Depois veio Moisés que tirou o povo do cativeiro do Egito e organizou tudo para eles. Davi e Salomão foram reis inteligentes e importantes na história do povo de Israel.

Já no Novo Testamento, podemos conhecer bem as pessoas que foram importantes, como os Apóstolos que Jesus escolheu e aos quais ensinou sua doutrina.

O Antigo Testamento foi a única Bíblia que Jesus conheceu e estudou. Ele não vai acabar com o que estava escrito nos livros do Antigo Testamento, e sim completar e mostrar o verdadeiro sentido das mensagens antigas de Deus.

Havia muita dificuldade em escrever a Bíblia. Poucas pessoas sabiam escrever e não havia papel. Quando Jesus falava e ensinava, não havia ninguém para anotar e depois passar a limpo. Só depois que Ele ressuscitou é que começaram a lembrar os fatos e ensinamentos e foram escrevendo até formar um livro.

Desde os livros mais antigos, como os mais novos, cada pessoa escrevia usando a língua falada em seu tempo. Assim, uma parte da Bíblia foi escrita em língua hebraica, outra em língua aramaica ou em língua grega. Hoje, a maioria das pessoas não sabe ler nessas línguas, então precisaram traduzir e colocar em diversas línguas para que as pessoas pudessem ler. Agora, podemos ler a Bíblia em nossa própria língua. É mesmo uma carta de Deus para todas as pessoas. O importante é que a mensagem da Bíblia vem de Deus e fala também para nós.

Deus nos ensina o caminho, ensina a organizar nossa vida e a vida da sociedade para ser como Ele queria e quer. A Bíblia fala o certo e o errado, ajudando-nos a viver.

Quando lemos a Bíblia, aprendemos por meio das histórias como temos que viver essa vida para sermos felizes.

E sabe que não adianta ler apenas uma vez a Bíblia? Precisamos ler muitas vezes para descobrirmos nela os segredos de Deus, o jeito de Deus e como Deus nos ama. Jesus contou a história do pastor que deixou noventa e nove ovelhas no aprisco e foi procurar uma ovelha que se perdeu. Encontrando a ovelha, colocou-a nos ombros e trouxe para o meio das outras. Ele não castiga, e sim nos procura e nos quer perto dele.

A Bíblia é uma carta amorosa de Deus.

Deus fez todas as coisas

Nós podemos fazer muitas coisas com nossa inteligência e nossas mãos, mas há coisas que não conseguimos realizar. Vemos as flores que nascem nos campos, os pássaros, a água cristalina. Somos capazes de fazer flores, manipulamos uma semente, mas o que fazemos não é igual àquilo que Deus faz. A semente que fabricamos não brota, não tem vida.

Deus fez todas as coisas que vemos e vai criar muito mais coisas que ainda não apareceram. Os cientistas falam de milhares de planetas que ainda vão se formar. Quem deu força à semente, colocou na natureza a força criativa através da qual novos mundos podem surgir?

É muito grande o mundo, ninguém sabe onde termina o universo. Depois do sol, há mais e mais planetas. Há também o mundo dos microorganismos, que formam a grande corrente da biodiversidade e todos têm sua função.

Deus criou o homem e a mulher, colocando neles a vida que os pais passaram para nós. Hoje, os cientistas querem fabricar um ser humano, mas eles têm que usar tecidos humanos que já têm vida em si, porque eles não conseguem criar a vida. Só Deus pode gerar a vida. Ele criou tudo por amor, dando a todos a sua vida. Assim é que Jesus nos ensinou a olhar as aves dos céus, as flores dos campos e falou que Deus vai cuidar de nós com o mesmo amor, porque somos feitos à sua imagem e semelhança.

Todos os dias, nós temos que agradecer a Deus a nossa vida e todas as coisas. Desse modo, vamos aprendendo a respeitar a vida em nós e nos outros.

Hoje, temos problemas com a água poluída e o ar poluído, com o lixo jogado em qualquer lugar sem uma coleta seletiva, as queimadas e derrubadas das matas e florestas. Certamente, estamos estragando o mundo que Deus fez e vamos ter que pagar por isso. Que tal se fôssemos mais cuidadosos?

Mesmo vendo as belezas da Criação, há gente que fala que não acredita em Deus, porque não o viu. Jesus foi o único que viu a Deus e o conheceu. Ele nos falou de Deus e do modo como Deus age no mundo. Deus é Pai bondoso, ama a todos e nos fez para vivermos em união com Ele.

Jesus também falou que quem não é de Deus não consegue percebê-lo nas maravilhas do mundo. Eles não são de Deus, por isso falam que Deus não existe. Acho que as pessoas que andam ocupadas demais com os negócios, com o dinheiro, com o poder, não têm tempo para pensar, para ver as belezas do mundo e para sentir Deus. É bom viver e sentir que Deus criou tudo e entregou em nossas mãos. Vamos gostar mais de nós mesmos, das pessoas e do mundo em que vivemos. Cada um que cuida de uma plantinha, que coloca o lixo no lixo, que não polui o planeta, já pode dizer que ama o mundo, respeita a vida e assim ama também a Deus.

A violência que existe no mundo, as guerras, em que morrem tantas pessoas, nascem do coração das pessoas que, desde pequenas, cultivaram sentimentos ruins de egoísmo e de maldade em seus corações. Jesus falou que o que estraga tudo é a maldade que sai do coração das pessoas. A maldade nos faz desanimar de lutar para que as pessoas sejam boas e respeitem a vida em si e nos outros.

O livro do Gênesis diz que, depois que Deus fez o mundo, Ele o olhou e viu que tudo estava bem feito e que tudo era bom. Assim é que Jesus nos ensinou a ver o mundo. Devemos ser agradecidos por todas as coisas. O nosso modo de viver bem e feliz é o melhor jeito de agradecer a Deus a vida e todas as coisas que fez para nós.

Quando penso em Deus

Quando nos encontramos com uma pessoa, a primeira coisa que queremos saber é o nome dessa pessoa para podermos conversar com ela. Todos têm nome, até os bichos. O nome é importante, porque identifica a pessoa.

A pessoa mais importante do universo também tem nome. Ele mesmo foi revelando seu nome bem devagar, até chegar Jesus que falou para nós o nome certo dessa pessoa importante. Nós a chamamos de "Deus". Mas, lendo a Bíblia, vemos que essa pessoa se chamava El Shadai, Elohim, Yahweh, Adonai, até que Jesus ensinou a chamá-lo de Abbá, Pai querido.

O nome Yahweh foi Deus que revelou a Moisés, quando o chamou no meio da sarça ardente no deserto e lhe deu a missão de falar com o Faraó, rei do Egito. Moisés perguntou quem Ele era. E Deus respondeu que Ele era "aquele que é" (Êx 3,14). Isso mostra que Deus sempre existiu, não teve começo e não terá fim, Ele é sempre presente. É claro que não entendemos isso. Daí em diante, o povo sabia o nome de Deus, e, a partir daquele momento, Ele ia caminhar com o povo de Israel.

Mas, quando Jesus chegou, mostrou que ninguém precisava ter medo de Deus, porque Ele é bom e ama a todos, por isso deviam chamá-lo de Pai querido.

Por que mudou tanto? Aquele Deus que falou com Moisés na montanha deixou o povo com medo, porque Ele falava do meio das nuvens, raios e trovões, e não queria que ninguém se aproximasse da montanha. Deus respeitou o jeito do povo e sua capacidade de compreensão. Devagar, Ele vai se revelando de acordo com a mentalidade do povo. Assim, quando chegou Jesus, Ele falou do modo certo.

Por que Jesus sabia tudo? Porque Jesus é o Filho de Deus feito homem, por isso Ele pode mostrar o jeito de Deus.

Jesus falou do pastor que tinha cem ovelhas, perdeu uma delas. O que ele fez? Deixou as noventa e nove ovelhas e foi procurar a ovelhinha que se perdera. Quando a encontrou, colocou-a nos ombros e trouxe para o meio das outras. Ele falou que Deus é assim, procura quem está perdido até encontrar, porque Ele quer salvar a todos (Lc 15,4-7).

Outra história é a do moço que pediu ao pai sua herança. Depois saiu pelo mundo, gastou tudo, e quando não tinha o que comer foi cuidar de porcos, e nem a comida dos porcos ele podia comer. Resolveu voltar para casa, pedir perdão ao pai e ficar lá como empregado.

Quando ele voltou, o pai o viu de longe, correu, abraçou-o e mandou cuidar dele e fazer uma festa, porque o filho estava perdido e foi encontrado. Jesus comenta que no céu há muita alegria quando um pecador se converte.

Lendo essas historinhas, vemos que não se pode ter medo de Deus, porque Deus é amor. Aquelas histórias antigas que falavam que Deus castigava deviam ser histórias inventadas para pôr medo em nós.

Depois que Jesus ensinou, podemos pensar em Deus como quem nos ama demais e nos quer ver felizes, por isso nos convidou a vivermos com Ele. E tem mais: através de Jesus, Ele nos adotou como filhos e nos fez herdeiros dos céus.

Podemos cantar felizes que Deus é bom para nós. Por isso, estamos sempre contentes, mesmo quando as coisas não dão muito certo, e mais contentes caminhamos com esta certeza que Jesus nos deu: "Deus nos amou e nos ama sempre".

Quando nos deitamos ou levantamos, a primeira coisa que devemos fazer é pensar em Deus, que nos deu a vida e nos chama de filhos.

Por que Deus mandou Jesus?

No mundo, há pessoas superiores e mais importantes que nós. Na verdade, todos são importantes, ninguém é mais do que os outros, porque foi assim que Deus nos fez. Mas temos que reconhecer que há pessoas mais inteligentes e poderosas que nós.

Para ser bem sincero, Deus é mais importante que todos. Jesus, o maior Mestre, é superior a todos nós. Esse Jesus, Deus mandou ao mundo porque as pessoas não queriam seguir o plano de Deus. Era para nós vivermos em união com Deus e com tudo, mas o pecado entrou em nossa vida e destruiu essa união, obrigando-nos a falar não para Deus.

É interessante perceber como as pessoas disseram não para Deus. Na verdade, quando Deus deixou a responsabilidade de cuidar da vida, as pessoas quiseram ser mais do que Deus, por isso começaram a fazer tudo do seu modo, seguindo a sua própria cabeça. Daí a desgraça aconteceu. Vamos ver como a Bíblia conta isso de um modo bem antigo, através de historinhas, como era o costume de se ensinar.

O primeiro homem se chamava Adão e a primeira mulher se chamava Eva. Isso pode ser verdade, mas pode ser história, porque Deus pode ter criado mais pessoas no começo.

Quando Deus criou Adão e Eva, colocou-os num lugar muito bonito, num jardim, num paraíso. Eles podiam viver felizes nesse paraíso junto com Deus.

Deus falou para eles cuidarem de tudo, podiam usar tudo o que havia no paraíso, comer os frutos que havia, mas não podiam comer o fruto de uma árvore, chamada "árvore da vida". Se eles comessem, iriam morrer. Eles tinham que aprender a lição da obediência. Deviam mostrar que amavam a Deus e queriam viver com Deus.

No início, obedeceram a Deus, mas mais tarde eles caíram em tentação. A Bíblia conta isso de um jeito diferente: a serpente, que era o diabo, disse para eles que não havia problema se comessem daquela fruta. Deus não queria que comessem a fruta, porque eles conheceriam o bem e o mal e ficariam iguais a Deus. Veja que tentação grande. Eles não agüentaram e comeram.

Esse é o modo de contar daquele tempo, para dizer que Adão e Eva desobedeceram a Deus, foram orgulhosos em querer ser como Ele. Esse foi o grande pecado, cujo resultado todos nós carregamos até hoje. Nós devíamos estar no paraíso e em paz com todos. Agora vivemos num mundo cheio de violência e problemas, temos que enfrentar a luta, o sofrimento e, se quisermos comer, temos que trabalhar duro. Eles se tornaram imperfeitos, envelheceram e morreram.

A Bíblia conta que de fato Adão e Eva aprenderam a conhecer o bem e o mal. Mas, pela desobediência e pelo orgulho, eles fizeram entrarem no mundo a maldade, a violência e tudo o que vemos hoje de ruim.

Aquela vida no paraíso ficou em nosso coração como uma saudade, um grande desejo de felicidade, mas Deus nos criou por amor e não nos abandonou. Ele prometeu mandar um Salvador para nos ensinar a viver fora dessa maldade e disse que um dia nós iríamos viver de novo no paraíso. Essa é a promessa do céu, onde vamos viver em paz, em união com Deus e com tudo.

Isso é o que fez a tentação. Hoje, há muitas tentações e as pessoas se deixam levar por elas, achando que vão ser felizes. Mas é um engano. Por isso, vemos as guerras, as drogas que fazem tanto estrago, os vícios, essa vontade louca de ganhar dinheiro sem respeitar os outros; as pessoas só pensam em si e se matam para ganhar mais.

O pecado da desobediência, de querer ser inteligente como Ele e saber mais do que Ele, faz com que as pessoas vivam sem pensar em Deus, sem procurar saber o que Ele quer e o que ensinou. Cada um quer fazer a vida do seu jeito e acha que não precisa de Deus.

A nossa natureza ficou com uma inclinação para o mal e, desde pequenos, o nosso coração já tem maldade, por isso ninguém precisa ensinar os outros a errar, a fazer coisas ruins e a ser ruins para os outros.

Nós vemos crianças maldosas. Se os pais não as ensinarem e as educarem, elas vão viver sem pensar nos outros, aproveitando-se deles. É ruim quando os pais não ensinam os filhos e, pior ainda, quando os pais são egoístas, violentos, gananciosos e cheios de vícios. Então, fica difícil, porque não há como aprender o caminho certo do respeito e da bondade.

Foi realmente para nos libertar do pecado e da maldade, que Deus enviou Jesus. Ele vai nos ensinar a viver fora desse caminho do mal. Ele vai ser nosso caminho.

"Este é meu Filho amado"

Quando os filhos são bons ou fazem coisas boas, os pais ficam felizes em dizer que aqueles são seus filhos. Mas quando fazem tudo errado, ninguém tem gosto de falar que eles são de sua família.

Jesus, que o Pai mandou para nos ensinar o caminho para sermos felizes, é o Filho amado de Deus. Isso foi o Espírito Santo que falou no batismo e na transfiguração de Jesus (Mt 3,17; Mt 17,5). É assim que vamos descobrindo quem é Jesus.

Ele veio para obedecer ao Pai e fazer a sua vontade, o que Adão e Eva não quiseram fazer. Assim, vemos que Ele veio para viver nossa vida, ensinando-nos como ela tem que ser.

Jesus ama ao Pai verdadeiramente, por isso obedece e faz tudo o que o Ele manda e o que lhe agrada. Mas Ele não é obrigado a fazer isso. Quando fazemos as coisas só porque somos obrigados, achamos difícil fazê-las. Quando estamos dispostos a fazê-las, tudo fica mais fácil.

Por isso não é difícil Jesus fazer o que agrada ao Pai. Ele estava em Deus e Ele era Deus. Para nos ensinar, porém, Ele tinha que ser como nós e viver a nossa vida. Para isso é que recebeu um corpo como o nosso e vai viver a nossa vida dia após dia.

Foi então que Deus escolheu uma jovem com o nome Maria e enviou o anjo Gabriel, para explicar-lhe o que Deus queria. Ela devia ser mãe de um filho que seria Jesus. Quando Maria perguntou quem seria o pai do bebê, o anjo disse que o pai seria Deus e falou muito bonito: "A sombra do Altíssimo te cobrirá e eis que conceberás por obra do Espírito Santo".

Nós não entendemos as coisas de Deus e nem como Deus faria isso. Mas Ele tem este poder e já mostrou isso, criando mundo e as pessoas.

Maria respondeu ao anjo que aceitava ser a mãe de Jesus. Ela entendeu que Deus queria que a pessoa humana ajudasse na obra de salvar a humanidade.

Todos nós nascemos da união do papai com a mamãe; isso é maravilhoso. Jesus, porém, nasce de Maria pela força do Espírito Santo. Ninguém pode com Deus. Isso é mais maravilhoso e mais uma vez ficamos sem compreender.

Podemos ficar imaginando Jesus, que era verdadeiro Deus, agora como verdadeiro homem dentro de Maria. Deus nunca fizera isso antes. Esse foi o maior gesto de amor que Deus fez por nós. Se não percebermos esse amor, também não vamos entender porque Jesus veio ao mundo.

Vamos acompanhar Maria que se casara com José, um moço bom e respeitoso, que também recebeu a revelação de Deus sobre o que estava acontecendo. Eles foram a Belém para se cadastrarem; havia muitas pessoas na cidade, já que cada um tinha que se cadastrar em sua cidade natal. Não havia lugar para eles nas casas e hospedarias.

A Bíblia fala que Jesus nasceu e foi colocado numa manjedoura. Normalmente, as manjedouras ficavam no fundo das casas e era nesse local que os animais comiam. Há um costume muito antigo de falar que Jesus nasceu na gruta de Belém. Pode até ser verdade, mas isso não muda nada. Jesus nasceu pobre, vai viver pobre e morrer pobre.

No nascimento de Jesus aconteceram coisas diferentes. Os anjos avisaram os pastores a respeito do nascimento; os magos vieram do Oriente, guiados por uma estrela, para adorar Jesus; até o Rei Herodes ficou sabendo que tinha nascido o Rei de Israel e mandou conferir onde Ele devia nascer conforme as profecias. Como ninguém o informou direito sobre o ocorrido, ele mandou matar as crianças de dois anos para baixo. Assim, mataria também a Jesus, o novo rei de Israel.

O anjo avisou José e Maria e eles tiveram que fugir para o Egito às escondidas. Se Deus quisesse podia mandar anjos para defender Jesus, mas não era esse o seu plano. Jesus tinha que viver como nós e assim nós poderíamos aprender como devemos viver.

Ao voltar do Egito, bem mais tarde, eles foram morar em Nazaré, na Galiléia, uma região pobre, onde José trabalhou como carpinteiro e Jesus tinha que ajudá-lo desde pequeno.

Quem é inteligente desde pequeno compreende a vida e começa a lutar para viver de uma maneira digna, sem aproveitar dos outros e com respeito. Jesus foi bem diferente dos meninos e adolescentes de hoje que não fazem nada. Apesar de ser o Filho de Deus, como homem, teve que aprender. A Bíblia fala também que Jesus freqüentava a sinagoga todo sábado e, dessa forma, foi aprendendo a ler a Bíblia.

Assim a Bíblia fala que Jesus crescia em sabedoria, idade e na graça de Deus.

7

A obediência nos ajuda

Pensamos que seria bom fazer tudo o que queremos e gostaríamos que ninguém dissesse o que temos que fazer.

Mas será que o melhor mesmo é fazer tudo o que queremos ou o que temos vontade?

O mundo não é bem como pensamos. Ele oferece muitas coisas, mas quando vamos em busca do que ele oferece, vemos que nem sempre ficamos felizes e acertamos.

Cada um tem que observar a sua idade e quantos anos os outros têm. Eles viveram muito mais do que nós e têm experiência de vida que ainda não temos. Quanto mais a pessoa vive, mais aprende. Cada ano que passa traz novas experiências de vida.

A Bíblia é sábia quando manda obedecer pai e mãe e respeitar os mais velhos. Eles tiveram mais tempo para aprender do que nós. Essa história de fazer só o que gostamos nos faz quebrar a cara, porque nem o mundo, nem a vida são como gostaríamos que fossem.

Deus vive há mais tempo do que nós e sabe mais que nós. Quando Deus manda fazer alguma coisa, pode ter certeza de que Ele falou o certo, mesmo que seja difícil de fazer.

Antes de enfrentar a morte, Jesus achou difícil fazer o que Deus mandava, mas Ele rezou e pediu para ter força e venceu. Nem sempre é fácil fazer a vontade de Deus. Jesus ensinou que a vontade de Deus está acima de tudo e de nossa vontade. Obedecer a Deus é mostrar que nós o amamos e queremos caminhar na felicidade.

Jesus disse na Bíblia que amar a Deus é observar os seus mandamentos (1Jo 5,3). O mundo manda fazer o que queremos, por isso há uma confusão, porque cada pessoa vive do seu jeito. Isso é muito ruim.

A Bíblia fala que os filhos devem ser obedientes aos pais e mestres (Ef 6,1-3), e existe um mandamento que manda honrar pai e mãe, se quisermos ser feliz.

É difícil ser feliz quando pensamos apenas em nós. Nem sempre conseguimos perceber o que é certo e o que é errado. Tem coisa que parece certa, mas depois vemos que era errada.

Jesus rezou muito para fazer sempre a vontade de Deus, ensinando que devemos perguntar sempre quando queremos as coisas: Será que Deus quer que eu faça assim ou que eu seja assim?

Quantas vezes nossa mãe falou para estudarmos e não obedecemos. No final vamos mal nos estudos. Assim acontece com os colegas que arrumamos; e quando deixamos de ir à comunidade para rezar.

Jesus mostrou a fé do soldado romano que falou que Ele nem precisava ir à sua casa para curar seu empregado, bastava dizer uma palavra. Jesus disse que ele tinha muita fé. Quem não tem fé não faz a vontade de Deus.

Quando Deus fala conosco, o melhor é obedecer. Não é fácil perceber quando Deus está falando, porque Ele não fala como nós, mas por meio das pessoas, dos sinais e dos acontecimentos.

A Bíblia fala que Jesus crescia em sabedoria, idade e na graça de Deus. Isso quer dizer que Jesus era obediente aos seus pais e com eles aprendia como tinha que viver, aprendia o certo e o errado.

Às vezes, ficamos nervosos com os nossos pais porque não deixam fazer o que queremos, mas eles enxergam mais longe do que nós. Eles pensam no futuro.

Obedecer ajuda muito a aprendermos e a sermos equilibrados, evitando tantos erros que podem vir a acontecer. Como Jesus aprendeu tudo na obediência ao Pai, assim temos que crescer, sabendo que não somos os mais inteligentes e os únicos que estão certos. Desse modo teremos mais chances de acertar.

Da desobediência a Deus é que nasceram todos os males que existem. O mundo seria um paraíso se as pessoas seguissem o pensamento de Deus.

8

Orar para não cair em tentação

Quando alguém nos fala para fazermos algo que sabemos que é errado ou que não vai dar certo, essa pessoa está nos tentando.

Quando isso acontece, temos que resistir às tentações. Assim Jesus ensinou. As tentações sempre aparecem como coisas boas exatamente para nos enganar. Até Jesus foi tentado no deserto.

Depois do batismo de Jesus, no rio Jordão, Ele fez a experiência de ser o Filho querido de Deus e mesmo assim Ele foi tentado. Passando quarenta dias e quarenta noites em oração e sem comer, a tentação lhe falou para transformar as pedras em pães, uma vez que Ele era o Filho de Deus.

E Jesus podia fazer isso, mas resistiu à tentação mostrando que não só de pão vive o homem, mas também da palavra de Deus. Jesus sabia que era melhor fazer a vontade do Pai. Mas a tentação voltou, falando que Ele podia saltar do alto da torre do Templo de Jerusalém, que Deus mandaria seus anjos para segurá-lo. Jesus não escutou a tentação nessa vez, nem na outra, em que a tentação ofereceu riquezas e os reinos do mundo.

Nós também temos que enfrentar as tentações. Muitas parecem atraentes e dão a impressão de que é por meio delas que encontraremos o caminho da felicidade, mas é pura ilusão.

Por causa da aparência, desobedecemos a Deus, ficamos ambiciosos e queremos ter muitas coisas. As drogas aparecem como coisa boa, mas depois percebemos que são um vício que destrói a pessoa, a família e a sociedade; é um túnel sem fim.

Muitas tentações são pequenas, mas nos deixam fracos e levam-nos a cair nas grandes tentações.

Há também a tentação da riqueza, do luxo, do desprezo dos outros, da vingança, da gula, do sexo, do abuso de pessoas, da violência e do egoísmo. A tentação fala ainda para cada um cuidar de si e não pensar nos outros, por isso há tanta falta de educação entre as pessoas.

Veja também como é difícil fazer o certo, quando todo o mundo faz o errado. Até a gente acaba embarcando no errado, porque a tentação fala que somos bobos de não fazer o que todos fazem. Fazemos o errado, mostrando que não temos personalidade.

A tentação vem por meio do pensamento, de coisas que vemos ou de coisas que nos falam; por meio de colegas, da televisão, das revistas, das notícias etc.

No entanto, Jesus nos ensinou como vencer as tentações. Ele rezou muito para não cair em tentação e falou que esse é o caminho que temos de seguir. Quem não rezar muito não vai conseguir viver bem, porque vai seguir outros caminhos.

A Bíblia mostra muitas coisas erradas que aconteceram, mas indica também o caminho certo. Jesus é o caminho (Jo 14,1-6). Quem segue Jesus é capaz de vencer a tentação e ser feliz.

Não conseguimos rezar tanto como Jesus rezou. Ele passava noites inteiras em oração. Mas podemos rezar muitas vezes durante o dia. O importante é sermos vigilantes e estarmos sempre unidos a Deus no pensamento e no coração.

Mesmo que não entendamos bem Deus, por causa dos problemas que aparecem, sem explicações, devemos estar sempre perto dele.

Vimos como a tentação cai sobre qualquer pessoa, até sobre Jesus e os santos, por isso devemos ser cuidadosos e seguir o que Jesus falou: "Orem, orem sempre para não caírem em tentação".

9

Ser discípulo de Jesus

A pessoa que mais agradou a Deus em sua vida foi Jesus. Quem quiser agradar a Deus e ser feliz tem que viver como Jesus viveu. Ele é o maior Mestre e nos convida a sermos seus discípulos.

Ser discípulo é seguir o Mestre. Temos que aprender com Ele, acreditar no que Ele ensinou e viver como Ele.

Por isso quem quiser ser discípulo de Jesus tem que amar e viver como Ele amou e viveu. Isso não é fácil e exige sacrifício, por isso Jesus falou: "Quem quiser ser meu discípulo, tome a sua cruz e me siga" (Lc 9,23).

Muitos falam que são discípulos de Jesus, mas na verdade não são. Não basta dizer isso, é preciso aprender e viver no seu seguimento.

Jesus chamou alguns para o seguirem. Eles deixaram tudo e seguiram Jesus. Isso aconteceu com Tiago, Pedro, André e João, pescadores que estavam arrumando as redes quando Jesus os chamou. Depois, Ele chamou Felipe e Natanael e assim chamou muitas pessoas. Eles sabiam quem Jesus era, por isso deixaram tudo e o seguiram (Mt 4,18-22).

Isso não quer dizer que, depois que se tornaram discípulos, não tiveram mais defeitos. Eles eram homens simples que iam aprendendo as coisas com Jesus. Eles o escutavam e estavam dispostos a ficar com Ele e mudar seu modo de viver.

É assim mesmo, quem quiser ser discípulo de Jesus tem que aprender muita coisa e mudar sempre seu jeito de viver, até se parecer com Jesus. São Paulo fala que temos de ter no coração os mesmos sentimentos de Jesus.

Jesus convida todos a segui-lo, como o fez no seu tempo. Um dia, um moço rico perguntou para Jesus o que ele devia fazer para ganhar a vida eterna. Jesus mandou observar os mandamentos. Quando ele falou que já fazia isso desde criança, Jesus convidou-o para ser seu discípulo. Ele, quando soube que precisava deixar tudo e ser desapegado das riquezas, ficou triste e não quis mais ser discípulo do Mestre (Lc 18,18-25).

De todos aqueles que Jesus chamou, Ele escolheu doze para serem seus Apóstolos, homens que teriam uma missão especial mais tarde. São eles: Pedro, André, Tiago, João, Felipe, Bartolomeu, Mateus, Tomé, Tiago (filho de Alfeu), Simão chamado Zelote, Judas (filho de Tiago) e Judas Iscariote (Lc 6,12-15).

Crianças e mulheres também podiam ser discípulas de Jesus. Elas o acompanhavam, cuidando das coisas.

O discípulo age como Jesus, por isso onde ele estiver todos percebem que aí está uma pessoa que aceitou Jesus e o segue dia a dia. É preciso ser discípulo de Jesus em casa, no trabalho, na escola, não importa onde se esteja. Não basta dizer que é discípulo de Jesus ou ir à igreja.

Jesus não convidou ninguém para fazer milagres, mas para viver seus ensinamentos. Para aprenderem, os discípulos andaram com Jesus, fazendo a experiência de ser discípulo. Para aqueles que perguntavam o que deviam fazer, Jesus sempre respondia: "Venham e vejam".

Na vida é assim mesmo; não adianta falar que a água está quente, somente colocando o dedo, podemos senti-la. Também não adianta dizer como tem que ser um discípulo de Jesus. Cada um tem que segui-lo em tudo.

Quando uma pessoa não tem o coração aberto e livre para as coisas de Deus, é difícil seguir Jesus, porque os apegos e preocupações a afastam desse caminho. Por isso Jesus falou que devemos ser simples como as crianças para possuir o Reino de Deus. Em um coração fechado, não há lugar para Jesus.

Jesus, ao ver Marta muito preocupada em arrumar as coisas, disse para ela que nada disso era necessário, mas ela devia procurar as coisas de Deus.

Sendo discípulos de Jesus, nós estaremos no caminho certo e seremos pessoas mais felizes. Ninguém vai ser mais feliz que nós.

Devemos perdoar sempre?

Sempre acontece de alguém nos tratar mal ou fazer algo que nos desagrade e magoe. Será que podemos retribuir, fazendo a mesma coisa que nos fizeram?

Não é esse o caminho que Jesus ensinou. Temos que perdoar quem nos fez maldade e nos magoou (Mt 6,12), mesmo que nos trate mal diversas vezes.

Pedro queria saber quantas vezes devia perdoar. Ele achou que sete vezes seria suficiente, mas Jesus falou que devia perdoar setenta vezes sete. Isso quer dizer: perdoar sempre, quantas vezes for preciso.

Desse modo Jesus quis mostrar aos discípulos como era importante perdoar e ser perdoado. Ele mostrou um caminho diferente do que o mundo mostra. Ele disse uma vez: "Vocês ouviram o que foi dito aos antigos: Olho por olho, dente por dente. Eu porém vos digo: Amem até os seus inimigos".

Para curar a humanidade cheia de ódio, rancor e violência, Jesus traçou um novo modo de viver e agir. Assim devia ser construída a nossa sociedade, mais justa e mais fraterna. Sem amor nada de bom vai acontecer.

As pessoas são importantes e precisam ser tratadas com carinho. Ficamos tristes ao ver que até as crianças são briguentas e rancorosas.

Jesus mostrou também que Deus perdoa sempre as coisas erradas que fazemos. Ele não exige que paguemos pelos nossos erros e é desse modo que Ele quer que sejamos com as outras pessoas. Por isso nos ensinou a rezar dizendo: "Perdoai as nossas ofensas, como nós perdoamos a quem nos ofendeu".

O que vamos fazer se alguém nos deixar tristes, mas pedir desculpas depois? Vamos perdoar quantas vezes for preciso.

Lembremo-nos da história da Bíblia sobre o filho que pediu ao pai sua herança, depois gastou tudo e arrependido voltou. O pai recebeu-o no perdão, sem fazer cobrança. Esse pai agiu como Deus age conosco e nos ensina a agir com as outras pessoas.

É tão ruim quando alguém não perdoa, mesmo quando se pede perdão. Ficamos chateados com essa atitude.

Sabemos que é muito difícil perdoar certas ofensas que nos trouxeram desgosto, mas o perdão é o caminho para vivermos em paz. Não temos que inventar desculpas para não perdoar, porque devemos perdoar por mais que a pessoa tenha nos magoado.

O perdão faz bem a quem é perdoado e faz bem a quem perdoa. É como desamarrar o nosso coração para vivermos numa liberdade muito grande.

Mais adiante, o Evangelho traz o conselho de Jesus para quando alguém nos bater na face direita. Não é fácil, mas devemos apresentar também a face esquerda. Se o sangue subir à cabeça, temos que nos tranqüilizar, porque responder à violência com violência é o pior que podemos fazer. Duas coisas os antigos nos ensinaram: "Quem com o ferro fere, com o ferro será ferido" e "A violência produz a violência".

Jesus foi mais adiante, dizendo que não podemos fazer uma oferta agradável a Deus, se temos um coração fechado ao irmão. Devemos procurar primeiro o irmão e fazer as pazes, para depois fazer a oferta a Deus.

Parece um caminho muito difícil, mas quem consegue perdoar, sente no coração muita paz e alegria. Precisamos educar nosso coração e nossos sentimentos para estarmos sempre prontos a perdoar.

Uma lição de amor

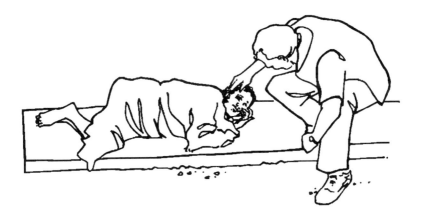

Hoje, fala-se muito em exclusão social, discriminação e preconceitos. A exclusão social produz pessoas que são excluídas da sociedade, do mercado de trabalho; produz a pobreza e a miséria; divide o mundo em ricos e pobres.

A discriminação seleciona as pessoas, dando chance para algumas e negando espaço para outras. Imagine você separando pessoas, porque não são como você; então elas não podem participar de lugares, empregos, amizades e escolas.

Preconceito é não gostar de alguém só porque não tem a mesma cor, língua, costume, educação, religião, padrão de vida que os outros possuem. No fundo é a não aceitação da pessoa, mesmo sem conhecê-la.

Há pessoas que são diferentes, às quais chamamos deficientes, e que são excelentes. Uma pessoa não pode ser maltratada apenas porque é diferente das outras.

Jesus, o grande Mestre, ensina que não podemos fazer diferença entre pessoas e nem julgar os outros. Não devemos fazer para os outros o que não queremos que façam para nós. Todos devem ser tratados com amor. Jesus tem razão, porque somos filhos do mesmo Pai. Todos têm sua dignidade, independentemente da cor, do estado social e da cultura em que vivem.

Na história do bom samaritano que Jesus contou, aprendemos como temos que ser e agir. Essa história Jesus contou para os judeus, que não gostavam dos samaritanos e os julgavam inferiores a eles. Um judeu perguntou para Jesus o que devia fazer para ter a vida eterna. Jesus mandou que amasse o próximo. O judeu perguntou quem seria seu próximo. Jesus então lhe contou essa história:

> "Um judeu descia de Jerusalém para a cidade de Jericó. No caminho, ele foi assaltado por ladrões que o deixaram quase morto. Depois de um tempo, passou por aí um sacerdote do Templo, viu o homem quase morto, mas infelizmente passou de lado e não o socorreu.
>
> Veio outro religioso, era levita e servia no Templo, viu e também foi embora sem ajudar.
>
> Por fim, passou um samaritano pela estrada. Esse samaritano olhou o homem quase morto, ficou com pena e resolveu ajudá-lo. Desceu do animal, curou as feridas, carregou o homem e o deixou em uma hospedaria para que cuidassem dele. Pagou tudo e disse que na volta pagaria o que gastasse a mais" (Mt 10,30-37).

Então Jesus perguntou ao homem judeu: "Qual deles é o próximo desse judeu que caiu nas mãos dos ladrões?" Ele respondeu: "Aquele que usou de misericórdia". Jesus disse para ele que fosse e fizesse a mesma coisa (Lc 10,30-37).

Que lição bem dada e que história bonita. Qualquer pessoa é nosso próximo e merece nosso amor e respeito. Não importa se a conhecemos ou não. Não importa se é diferente na cor e no jeito. Nosso próximo não é pessoa parecida conosco.

Nem todo o mundo pensa assim, por isso é que temos problemas na sociedade. Cada um devia ser educado desde criança para tratar bem as pessoas, perdoar as ofensas, não fazer vingança, não aproveitar dos outros e não excluir ninguém.

É tão bonito ver pessoas ajudando os outros, os idosos, os cegos, dando lugar nos ônibus aos mais velhos, cuidando das creches, dos doentes e dos asilos. E como é feio ver meninos feito galos de briga no futebol, na escola, na rua. Isso é próprio de pessoas que não têm um bom coração.

Se nós somos bons, ajudamos os outros a serem pessoas boas, sem nos importarmos se conhecemos ou não, se são pessoas que merecem ou não.

O que é importante?

Há muitas pessoas que pensam que o importante na vida é ter dinheiro e conquistar muitos bens materiais.

O que será que Jesus falou sobre o que é importante na vida?

Primeiro, pense no que você acha mais importante. Será brinquedo, roupa, carro, celular, passeio etc.?

Jesus contou a história de um homem rico, para nos ensinar qual deve ser nossa preocupação:

"Um homem era muito rico e tinha uma fazenda enorme com depósitos para guardar a colheita. Como as plantações estavam boas demais e estava colhendo muito, ele mandou derrubar os depósitos e construir maiores ainda, porque ele achava que a riqueza era mais importante que tudo. Assim ele seria feliz.

Então ele conversava consigo mesmo mais ou menos assim: 'Agora posso ficar descansado, porque tenho tudo; posso comer, beber e me divertir'.

Mas alguma coisa estava errada. Ele pensava só em si, não pensou em Deus, nos outros e nem no que era importante.

E Deus, vendo aquele homem, disse: 'Você é tolo. Você vai morrer nesta noite e o que adiantou ter tantas coisas? Para quem vai ficar tudo isso que você guardou?'

Jesus terminou dizendo: 'Assim acontece com aquele que ajunta tesouros para si mesmo e não é rico de Deus'" (Lc 12,16-21).

Jesus já tinha falado para não nos preocuparmos em demasia com o que comer e o que vestir, mas confiar em Deus que cuida das flores e das aves dos céus. Todos temos que trabalhar, mas essa preocupação de ajuntar e guardar é desnecessária.

Desde pequenos devemos pensar do modo certo. Não adianta querer ser rico e só pensar em si. Quantas pessoas são como esse homem e pensam que tendo bens materiais serão felizes.

O importante é ser rico de Deus e ter um coração preocupado com os irmãos. Fora isso, nada nos deixa satisfeitos. Hoje, você tem um brinquedo, um carro; amanhã, você já quer outro mais moderno.

Se estamos com Deus, a vida é a coisa mais importante que temos. Deus não perturba ninguém, pois pensando nele descobrimos um jeito feliz de viver a vida.

Há muitos adultos que fazem coisas bobas e se preocupam com muitas outras coisas, com o dinheiro, com a

fama, com o poder. Mas eles não podem aumentar um dia de sua vida.
Aumentamos a vida quando a entregamos nas mãos de Deus e a vivemos com alegria e de uma maneira agradecida.
Não é errado ter dinheiro. Errado é ser ganancioso, achar que o dinheiro pode tudo. Pessoas gananciosas procuram ganhar dinheiro de qualquer modo, passando por cima dos outros, roubando, explorando. Errado é gastar demais, vendo que podia ajudar tantas pessoas que passam necessidade.
Jesus não tinha dinheiro e nem muitas coisas, mas era rico de Deus e procurava fazer sempre a vontade de Deus (Jo 8,29), por isso Ele é o caminho que devemos seguir.
Neste mundo há pessoas que não querem ouvir falar de Deus, de pobres, de Jesus. Mas, quanto mais diferença houver entre as pessoas, mais problemas de violência existirão no mundo.
Ninguém é obrigado a pensar como Jesus pensou e ensinou, mas não pode reclamar mais tarde de não ser feliz. Desde agora temos que pensar certo para agir de modo certo, sem nos importarmos com o que os outros fazem ou dizem.
Os caminhos de Deus, às vezes, são difíceis e muitas pessoas preferem as facilidades que o mundo oferece, mas o mundo nunca oferece a paz que procuramos.

13

Quem quiser ser feliz...

Quem no mundo não gostaria de ser feliz? O esforço de todos, de um modo certo ou errado, é para encontrar a felicidade.

Na verdade há muitas pessoas infelizes. Alguns falam que são infelizes porque sofrem ou são pobres. Eles não descobriram ainda o segredo da felicidade. É por isso que tudo o que alcançam dura muito pouco.

O Mestre ensinou onde está a verdadeira felicidade, quando disse: "Há mais felicidade em dar do que em receber" (At 20,35).

Está claro que ficamos felizes quando ganhamos algum presente, mas não é disso que Jesus está falando. O que Ele queria dizer é que somos felizes quando vivemos desapegados de tudo, quando somos generosos, quando cuidamos dos mais pobres e dos que necessitam.

Deus é generoso até demais, porque tudo o que é dele, Ele nos comunica. Por isso recebemos gratuitamente a vida, o poder de gerenciá-la, esse mundo maravilhoso, com ar, água, chuva, sol etc. E Deus é a felicidade completa.

Até as pessoas mais pobres podem dar alguma coisa. Jesus estava com os Apóstolos na porta de entrada do Templo, perto do cofre. As pessoas que entravam colocavam no cofre sua oferta. Uma viúva colocou apenas duas moedinhas. Jesus comentou com os Apóstolos que essa viúva tinha dado mais do que as outras pessoas, porque ela deu daquilo que lhe ia fazer falta, enquanto os outros deram daquilo que estava sobrando para eles (Lc 21,1-4).

Não precisamos comprar presentes para darmos. Muitas vezes, um copo de água, um sorriso, uma saudação são presentes valiosos.

Quem não foi educado em seus sentimentos não percebe essa felicidade. Do coração nascem coisas boas e ruins, como disse Jesus: "É do coração que procedem as más intenções, assassínios, prostituições, roubos, falsos testemunhos e difamações" (Mt 15,19).

Por isso nos educamos para alcançar essa felicidade de ser generosos. É verdade também que quanto mais amamos as pessoas, mais presentes queremos lhes dar. Com Deus é a mesma coisa. Quando cuidamos dos outros, Deus nos dará tudo o que é necessário.

Cada um deve pensar e ver se é capaz de ser generoso. Mesmo sendo criança, há tantos modos e ocasiões de ajudar os outros. Quem é de Deus percebe as oportunidades que aparecem. Quando os pais são egoístas e não são generosos, os filhos aprendem também a serem egoístas.

Essa família vira um ninho de cobras, onde um devora o outro.

Quantos brinquedos algumas crianças têm e nem usam, ficam guardados, enquanto há crianças que não possuem brinquedos. A mesma coisa acontece com roupas, sapatos, tênis. Por que ter tantas coisas e se preocupar tanto com elas?

Se, quando somos pequenos, não colocamos em nossos corações esses sentimentos de partilha, quando crescermos, vamos continuar egoístas e assim o mundo não se transforma em um paraíso. As pessoas que nada possuem podem se revoltar, vendo que outras esbanjam e gastam em coisas supérfluas e com luxo.

Você já pensou como seria bom ser amigo de todos e viver bem com todos, contentando-se com coisas simples no comer, no vestir e no morar?

Jesus também disse: "Dai e vos será dado" (Lc 6,38). Esse é o segredo da felicidade. Ninguém precisa saber o que fizemos, nem como fizemos. Quem aprende a partilhar e a ter um coração aberto pode olhar o mundo com os olhos misericordiosos de Deus.

14

Ser agradecido sempre

Quem pode mandar no sol ou na chuva? E quem controla a natureza, a vida? Tudo está nas mãos de Deus e tudo recebemos de Deus. A pessoa trabalha, mas, se Deus não derrama sua bênção, nada acontece. Isso mostra que temos que ser agradecidos.

Quando comemos, alguém preparou o alimento para nós. Quando acordamos, alguém nos deu a vida. Por isso temos que ser agradecidos.

Jesus nos mostrou o que devemos fazer sempre. Ele se encontrou com dez leprosos. Naquele tempo, os leprosos tinham que viver separados dos demais e fora da cidade. Por isso eles gritaram de longe para que Jesus os curasse (Lc 17,11-14).

Jesus mandou que eles se apresentassem aos sacerdotes no Templo, que examinavam quem estava curado. Enquanto caminhavam, ficaram curados. Um deles, que era samaritano, de quem os judeus não gostavam, logo voltou para agradecer a Jesus.

Ele começou a agradecer e louvar a Deus pela cura. Mas Jesus perguntou onde estavam os outros que também foram curados. Mas só esse homem, que era estrangeiro, voltou para agradecer e louvar a Deus.

Se quisermos ser como o samaritano, temos que fazer como ele fez, quando alguém fizer algo de bom para nós. Aliás a pessoa bem-educada sempre agradece, por isso é uma pessoa feliz. Reconhece que tudo o que recebe é um presente de Deus por meio das pessoas.

Às vezes não refletimos para ver quantas pessoas nos ajudaram na vida. A começar pelos nossos pais, muitas pessoas se preocuparam conosco, cuidando de nós na escola e quando ficamos doentes. Vemos também que muitos não possuem nem a metade do que temos.

Se nós formos agradecidos, muitas pessoas vão ficar felizes e vão se sentir reconhecidas pelo que fizeram. Nossos pais, nossos amigos, nossos professores, todos vão ficar felizes, como Jesus ficou feliz com o homem que voltou para agradecer a cura.

Há também muitos que são mal-agradecidos e só reclamam da vida. Falamos que é falta de educação, mas na verdade é falta de Deus em seus corações.

Dá muito mais prazer e alegria em fazer o bem, quando as pessoas reconhecem e agradecem. No entanto, não quer dizer que devemos fazer o bem só por que seremos reconhecidos. Mas, quando isso acontece, tudo se torna mais fácil.

Nós precisamos ficar atentos, porque, às vezes, as pessoas fazem coisas pequenas e podemos não perceber, como saudar alguém, elogiar, dar atenção. Nessas horas, não custa agradecer.

Se não lembramos de agradecer as pessoas, o mesmo acontece em relação a Deus. Não nos lembramos de rezar e de agradecer a Deus, o alimento, a saúde e a família que temos.

Como é bom aprender a dizer "obrigado" a Deus e às pessoas. Nós vamos nos educando e educando nossos sentimentos. Agradecer nos enche de sentimentos bons e nos leva ao respeito a Deus, às pessoas e ao mundo. Agradecer é fazer como Jesus fazia sempre: "Pai, eu te louvo, te agradeço..."

15

Cuidado com os maus sentimentos

O coração humano é a fonte dos bons e maus sentimentos, assim diz a Bíblia. Jesus falou que o que suja o homem é aquilo que sai de seu coração.

A Bíblia pede para termos no coração os mesmos sentimentos de Jesus. São sentimentos de amor, de bondade, de solidariedade e de misericórdia. Mas também fala do coração perverso, de onde nascem o roubo, a briga, o desrespeito, a violência, a cobiça e todo tipo de maldade.

Nós conhecemos tantas pessoas que gostam de ser as primeiras, gostam de ser elogiadas e de ocupar os lugares importantes. Além de ser um costume feio, isso traz tantos problemas. Assim, vemos na Bíblia a discussão dos Apóstolos para ver quem ocuparia o primeiro lugar entre eles. Jesus os repreendeu, colocou no meio deles uma criança e lhes disse para serem como as crianças, se quisessem ser felizes.

Contou também a história do banquete, em que as pessoas escolhiam os primeiros lugares. Aconteceu que chegaram outros convidados mais importantes, e o chefe da casa pediu que elas dessem o lugar para aqueles que estavam chegando. Isso foi uma vergonha.

Mas podemos aprender a ser humildes e a servir o outro.

Outro costume feio e errado que adquirimos é o de nos acharmos sempre melhores do que os outros. Ninguém gosta de pessoas assim.

Jesus contou a história do fariseu e do pecador que foram rezar no templo (Lc 18,9-14). O fariseu foi lá perto do altar e rezou agradecendo, porque ele não era como os demais, que eram ladrões e faziam coisas erradas.

O pecador rezou lá no fundo do templo, com a cabeça inclinada. Ele reconhecia seus pecados e pedia que Deus fosse bondoso com ele.

Então Jesus comentou que a oração bem feita foi a do pecador. A oração do fariseu não agradou a Deus, porque os orgulhosos são rebaixados e os humildes são exaltados.

Ninguém gosta dessas pessoas que vivem falando do que fizeram apenas para contar vantagem. Quando somos cheios de qualidades e bondade, não precisamos falar, os outros percebem. E percebem também quando somos ruins e fazemos coisas erradas.

O que podemos dizer de quem vive brigando com todo o mundo? Gostamos de andar com essas pessoas? Jesus falou um dia: "Bem-aventurados os pacíficos, porque serão chamados filhos de Deus" (Mt 5,9).

O Evangelho conta que uma vez os discípulos foram a uma aldeia dos samaritanos procurar um lugar para descansar e os samaritanos não os receberam. Eles voltaram para Jesus e perguntaram a Ele se podiam mandar fogo dos céus para destruir os samaritanos. Mas o Mestre ensinou a eles que não era certo tratar assim as pessoas (Lc 9,51-56).

Mesmo quando as pessoas nos tratam mal, elas devem ser bem tratadas. Não podemos pagar com a mesma moeda. Jesus mostrou que no Antigo Testamento se dizia: "Olho por olho e dente por dente", mas não deve ser mais assim, porque temos que amar até os nossos inimigos.

As brigas só aumentam a violência e nos obrigam a viver fechados, sem amigos e sem o respeito dos outros. A mesma coisa acontece com quem rouba dos outros, os que são mentirosos, os que usam drogas, os que abusam das pessoas. Não é esse o caminho de Jesus.

Por isso, devemos cuidar para que a maldade não venha morar em nossos corações e devemos ter o cuidado com o que muitas pessoas falam, com os ensinamentos da televisão, com o que vemos na escola ou na rua. Há muitas pessoas que não se cuidam e se deixam levar pela maldade. Nós viemos ao mundo para sermos sinais de Deus e para vivermos no amor.

Por que é difícil ser bom?

Se achamos difícil fazer o que é bom, bem mais difícil será nos tornarmos pessoas boas. Todos nós nascemos marcados pela tendência ao pecado, por isso sempre será mais fácil fazer o errado ou deixar de fazer o certo.

O batismo nos liberta do pecado, mas não modifica a nossa natureza que se inclina para o mal. É certo que Deus não nos abandona e vai nos dar força para que não pequemos, mas temos que nos conscientizar e fazer a nossa parte.

Todos nós podemos mudar aprendendo o que é certo, embora isso exija muito esforço. Assim, vemos a mudança que transformou Saulo no grande apóstolo do Evangelho, chamado Paulo (At 9,1-19), que passou de perseguidor dos cristãos para o grande anunciador de Jesus.

Jesus ensinou que cada um de nós pode se converter e ser uma boa pessoa. Deus sempre vai nos acolher com amor. Essa foi a história da Madalena, que entrou na casa do fariseu, onde Jesus estava, lavou seus pés com suas lágrimas, ungiu-os com perfume e recebeu o perdão de Jesus (Lc 7,36-50).

Em outra passagem, o Evangelho mostra aquela mulher, a qual os judeus queriam apedrejar, porque estava errada. Jesus falou para eles "Aquele, dentre vocês, que é sem pecado, seja o primeiro a atirar-lhe uma pedra" (Jo 8,7). Todos foram embora, então Jesus olhou para a mulher, perdoou seus pecados e a despediu com a recomendação de que não pecasse mais e fosse uma pessoa boa.

Mas, quando queremos fazer coisas certas, aparecem pessoas que nos desprezam e fazem brincadeiras em relação à nossa atitude, e outras ainda a acham ruim. Isso acontece porque quem age direito incomoda os que não querem viver no caminho certo. O "viver bem" os questiona.

Isso também ocorreu com Jesus. Quando Ele curava as pessoas, todos gostavam dele. Mas quando ensinava coisas que contrariavam seus interesses, elas não gostavam de Jesus. Foi isso que aconteceu na sinagoga de Nazaré, onde pegaram Jesus e o levaram à beira de um precipício, para jogá-lo lá de cima (Lc 4,16-30).

Muitas vezes, precisamos ter coragem para fazer coisas certas, mesmo que os outros não concordem e nos critiquem. Temos que ser como Jesus, que não tinha medo das pessoas que não gostavam de Deus.

Nós nunca vamos agradar todas as pessoas. Sempre vão aparecer aquelas que não aceitam nosso modo correto de agir, de pensar e de viver. Mas temos que saber a quem queremos agradar. Não adianta fazer o errado para agradar quem é errado. Nossa preocupação é fazer a vontade de Deus, como Jesus ensinou.

No mundo em que vivemos, há muitas pessoas que não estão preocupadas em viver como Deus quer e até mesmo procuram viver deixando Deus de lado. Por isso vemos tanta maldade. É nesse mundo que temos de viver. Então fica difícil ser bom, mas mesmo assim temos que agir de maneira certa.

As pessoas que procuram fazer a vontade de Deus têm a consciência em paz e constroem uma vida feliz. Elas vivem em paz e a levam para os outros. Os frutos da bondade são melhores do que os frutos da maldade. As pessoas más parecem ser felizes, mas não o são, porque o erro as corrói aos poucos e lhes tira o sossego.

Mesmo sendo difícil, devemos ser bons e fazer coisas boas, porque esse é o caminho de Deus.

Será que alguém me ama?

Muitas vezes, a tristeza, a insegurança e o medo nos surpreendem; parece que estamos sozinhos. Chegamos até a pensar que ninguém nos ama.

Isso não é falta de fé, e sim problemas próprios de nossa idade. Por isso não podemos nos entregar a esses pensamentos.

A história que Jesus contou nos mostra como Deus nos ama e cuida de nós. Podemos ler essa história e vamos ver que Deus faz conosco aquilo que o pastor fez com a ovelhinha que se perdeu.

"Um pastor tinha cem ovelhas, das quais ele tomava conta. Mesmo assim, uma delas se perdeu. Quando chegou a tarde, ele contou as ovelhas e faltava uma. Certamente, a ovelha se sentiu só e abandonada quando não viu as outras ovelhas. O pastor, porém, preocupou-se com ela e foi procurá-la. Deixou noventa e nove ovelhas em lugar seguro e foi atrás da ovelha perdida. Quando a encontrou, ficou contente, carregou-a nos ombros para colocá-la junto com as outras ovelhas" (Lc 15,4-6).

Qualquer pessoa perguntaria primeiro se valeria a pena procurar a ovelhinha que se afastara do rebanho, afinal foi ela que quis sair de perto das outras.

Jesus falou que o pastor é o Pai do Céu, que ama cada um de nós e nos chama pelo nome. Ele é maravilhoso e não quer que ninguém sofra. Todos nós podemos sentir como somos amados por Deus; essa é uma experiência muito boa. Quem já sentiu isso enche o coração quando fala: "Sou amado por Deus".

Quando o poeta da Bíblia se sentiu sozinho, escreveu o Salmo 23, que diz: "O Senhor é meu pastor, nada me pode faltar. Ele me conduz por caminhos seguros e me faz descansar na relva mais fresca".

Deus sabe que precisamos de ajuda e sabe o que nos faz bem. Mas Deus quer que não sejamos preguiçosos e que procuremos os caminhos de Deus. Há muitos que só ficam pedindo e não fazem nada para serem felizes.

Quem é amigo de Deus nunca vai pensar que está sozinho e que ninguém o ama. Jesus sabe quem é amigo dele e quem não o é, porque Ele disse que conhece todas as suas ovelhas e suas ovelhas o conhecem e escutam sua voz.

Além de Deus, de Jesus, de Nossa Senhora, há tantas pessoas que nos amam e, às vezes, nem percebemos, porque estão muito próximas de nós. São nossos pais, nossos professores e nossa comunidade. Só temos que agradecer a Deus tantos amigos que cuidam de nós com amor e carinho.

Mas a Bíblia, no Salmo 27, fala que mesmo que nossas mães e nossos pais nos esqueçam, Deus nunca vai nos esquecer e abandonar. Essa é uma promessa maravilhosa. Mas é preciso que Deus tenha muita paciência conosco, porque muitas vezes não percebemos esse amor, reclamamos e ficamos tristes.

Outro segredo é este: quanto mais formos pessoas boas, mais os outros irão gostar de nós. Ser bom não faz mal a ninguém. É difícil gostar de pessoas ruins, geniosas, mal-educadas.

Se quisermos ser amados, temos que amar também os outros da mesma forma. Não podemos amar só pessoas boas. Jesus ensinou a amar até os nossos inimigos e quem nos despreza. Isso não é nada fácil.

Todos os dias, devemos rezar agradecendo a Deus, que nos ama e cuida de nós sempre.

18

Deus protege você

A Bíblia diz que Deus é semelhante à águia que protege seus filhotes. Jesus usou uma comparação bonita, falando do Povo de Israel. Ele disse: "Quantas vezes eu quis recolher você como a galinha recolhe debaixo de suas asas seus pintinhos" (Mt 23,37). Às vezes, não percebemos como Deus nos protege.

Até Jesus, quando era criancinha, Deus protegeu, livrando-o das mãos do rei Herodes que queria matá-lo. Um anjo do Senhor apareceu em sonho a José e lhe pediu que levasse Jesus para o Egito (Mt 2,7-23).

Nós sempre estamos expostos a muitos perigos e tentações. Embora sejamos protegidos por Deus, nós devemos nos cuidar. Não podemos fazer coisas erradas.

Os adultos nos protegem, mas às vezes eles também fazem as crianças errarem; ensinam o caminho errado; dão maus exemplos. Temos que evitar essas pessoas e nos cuidar para não cairmos em tentação. Geralmente, os nossos pais nos avisam quando certas pessoas ou certos lugares podem ser perigosos para nós.

Acontece que de muitas vezes ele não percebe o perigo antes de ele acontecer. Desse modo, precisamos ficar atentos com certos programas de televisão que parecem inocentes, mas trazem mensagens ruins que vão sendo gravadas em nossa memória e também em nosso coração, transformando nossos sentimentos e nossas idéias. As mensagens são passadas de forma tão escondida que até as achamos naturais, mas atrás delas vem a maldade.

As drogas que nos oferecem parecem uma coisa boa para nos deixar mais soltos, mais à vontade para nos divertir, mas elas vão criando dependência e a pessoa que começa a usá-las não consegue mais deixá-las. Com o tempo, as drogas nos colocam no túnel da morte ou nos levam a fazer loucuras.

A sexualidade é dom de Deus e nos leva a nos expressar com carinho em relação a outra pessoa. Ninguém condena a sexualidade. Por outro lado, não podemos nos ater a somente uma parte da sexualidade, que é o sexo. Não devemos usar a sexualidade de uma forma desenfreada. Tudo foi feito para uma finalidade e não para usar de qualquer modo. Temos que aprender a respeitar nosso corpo e o corpo dos outros. Brincadeiras e aventuras pelo mundo do sexo podem trazer problemas para nós e para as outras pessoas.

Nossos pais devem nos dar orientações e explicações sobre as mudanças em nosso corpo e em nosso comportamento. Há muitas tentações nesse campo, por isso precisamos aprender a enfrentá-las sem machucarmos a nós e aos outros. Essas brincadeiras com sexo deformam nossa personalidade e destroem os bons sentimentos.

Outra tentação é o consumismo. Cada vez queremos mais coisas. Não ficamos satisfeitos com o que temos. Se temos uma bicicleta, queremos um carro. Queremos ter roupas modernas e caras, e por aí em diante. Esquecemos que muitos não possuem quase nada e, às vezes, são mais felizes do que nós.

Não podemos ser ingênuos e bobos, acreditando que podemos fazer tudo o que queremos. Tudo tem limite e nós também temos nossos limites, que devemos respeitar.

É mais feliz quem se deixa guiar por Jesus e aprende as coisas de Deus. Esse percebe como Deus o ama e o protege sempre. Quem não é de Deus, não percebe nada disso. Mas o pior é aquele que se deixa "levar pela onda" e não quer saber das coisas de Deus. Jesus falou, desde pequeno, que Ele devia estar nas coisas do pai dele, que é Deus (Lc 2,49).

E, depois desta vida, como será?

A realidade nos mostra que as pessoas envelhecem e até os animais envelhecem. Tudo pode ficar doente e morrer. Ninguém precisa ter medo da morte. Nossa preocupação deve ser com a vida, porque a morte não depende de nós. A vida sim depende de nós e é importante viver bem e ser feliz; isso é o que Deus quer.

A Bíblia fala que Deus é Deus dos vivos e nos criou para viver sempre. Acontece que nossa natureza se deteriora, se gasta e perde a capacidade de manter a vida. Surge então o que chamamos morte. Não é Deus que determina quem e em que dia a pessoa deve morrer. É a natureza humana que diz quando o corpo não tem mais condição de manter a vida que Deus colocou em nós.

Nós sabemos que a morte não é o fim de tudo, porque Deus mostrou, em Jesus, o que vai acontecer conosco após a nossa morte. Paulo diz que, assim como Deus ressuscitou Jesus, Ele vai ressuscitar cada um de nós. Vamos deixar esse corpo que é feito de barro (Gn 2,7), para sermos novas criaturas.

Ninguém precisa se preocupar com a morte, porque Deus cuida disso. Jesus falou que na casa do Pai há muitas moradas e que Ele prepararia um lugar para nós (Jo 14,2-3). E falou também que, onde Ele estivesse, estariam todos os que o seguissem. Isso é bom e nos deixa despreocupados com o futuro. Dessa forma, temos tempo para organizar nossa vida e vivermos de um modo certo e feliz.

Há pessoas que têm medo dos mortos e que não gostam de pensar que vamos morrer um dia. Isso é porque as pessoas não são bem informadas. Nenhum morto apareceu aqui no mundo. Só Jesus ressuscitou.

Nós sabemos pela revelação da fé que a vida lá no céu é plena e mais completa que esta vida, porque lá ninguém sofre e está em comunhão com Deus.

Há pessoas que não acreditam na outra vida e, por isso, fazem tudo para serem felizes enquanto podem, até passando por cima dos outros. Quem não tem fé vai agir sem esperança e de uma maneira pagã ou irracional. A vida, porém, vai ensinando as pessoas que há algo a mais depois da nossa morte. Deus não nos fez por brincadeira, para acabarmos um dia.

Nesse assunto, o que vale é a fé que temos nas palavras e atitudes de Jesus. Ele falou que é o Caminho, a Verdade e a Vida; é para o seguirmos. Essa fé nos consola, nos sustenta e nos enche de esperança.

A fé que temos na vida que Deus vai nos dar é que não deixa a tristeza sufocar-nos quando perdemos alguém querido, porque sabemos que ele está com Deus, e quem está com Deus é feliz para sempre.

Na vida é assim: quando uma pessoa amiga se muda para longe, não podemos nos entristecer, porque ela se mudou para um lugar melhor.

Temos que aprender a agradecer a Deus, porque essas pessoas que morreram puderam ficar um bom tempo conosco, foram boas e nos ajudaram muito. Ninguém vai viver duzentos anos; nós somos feitos do pó da terra.

Enquanto muitos têm medo de se encontrar com Deus, nós temos fé e sabemos que Deus nos ama muito. Não podemos embarcar nesse medo, mas acreditar que Deus vai nos receber com muito carinho e esse momento vai ser muito bom.

Paulo fala que não existe palavra para expressar a felicidade do céu. Ele diz que percebeu um pouco essa felicidade, mas nenhum olho viu, nenhum ouvido ouviu o que Deus preparou para nós com muito amor.

Aprendamos com Jesus como devemos viver na confiança em Deus, sem preocupação. Não precisamos saber de nada e nem termos medo. Jesus é nossa segurança.

Um mundo sem Deus

Quando Deus criou o mundo, Ele tinha um sonho: fazer do mundo um paraíso. Desse modo é que a Bíblia mostra a criação por meio de histórias (Gn 2).

O sonho era que todos vivessem em paz e harmonia, em comunhão com Ele e com tudo, sem violência e na solidariedade.

Não é bem isso que vemos. Feita para ser imagem de Deus e responsável pela vida, a pessoa humana não está seguindo o pensamento de Deus, por isso acontecem tantas coisas ruins. O nosso mundo parece um mundo sem Deus, porque tudo acontece de um modo diferente do que Ele pensou.

É que as pessoas não obedecem a Deus e colocam na vida valores diferentes daqueles que o Evangelho mostra e ensina. Assim elas agem, sem se lembrarem de Deus e do que Ele ensinou.

Esse modo de agir coloca as pessoas numa luta pela vida, em que ninguém pensa no outro e nem quer ajudá-lo. Cada um é dono de si e das coisas que faz, não se importa se os outros passam necessidades. Então, as riquezas que a terra produz ficam nas mãos de alguns, enquanto outros sofrem sem ter comida, escola, moradia, saúde, trabalho e uma vida digna.

O pior de tudo é a situação daqueles que se aproveitam dos outros para ganharem a vida. Daí nascem todos os vícios que vemos na sociedade: desrespeito, drogas, sexo, prostituição, violência, desemprego, exclusão social e outros.

Certamente, não era esse o sonho de Deus ao criar o mundo. Podemos perguntar: por que Deus não muda este mundo? É porque Deus não nos fez bonecos, mas pessoas à sua imagem e nos deu a responsabilidade de gerenciar a vida, entregando tudo em nossas mãos. Somos inteligentes, temos capacidade e temos as orientações de Jesus no Evangelho, que podem mudar o mundo, mas temos também uma natureza decaída e uma vontade frágil.

Quem tem que transformar o mundo somos nós. O problema é que muitas pessoas não lêem o Evangelho e preferem viver sem Deus, defendendo seus próprios interesses. Outras acham que não adianta fazer nada, porque sozinhas não conseguem mudar o mundo. Mas não estamos sozinhos; há muitas pessoas que, seguindo Jesus, lutam pela transformação do mundo e pela realização do sonho de Deus.

Enquanto o mundo ensina as pessoas a terem muito dinheiro e luxo, a pensarem apenas em si mesmas, Jesus ensina de forma diferente. Sabemos que é difícil viver como Jesus ensinou, mas temos esperança de que todos aprendam e tenham uma vida melhor. Isso é certo que vai acontecer um dia; Deus não tem pressa. A esperança não morre nunca.

As Bem-aventuranças

As Bem-aventuranças são um programa de vida bem diferente do programa de vida que o mundo nos apresenta. Jesus foi corajoso em proferir esse sermão na montanha. Veja como era para tudo ser diferente e como as pessoas se assustam com o que deviam fazer. Jesus disse:

"Bem-aventurados os pobres em espírito, porque deles é o Reino dos Céus.
Bem-aventurados os mansos, porque herdarão a terra.
Bem-aventurados os aflitos, porque serão consolados.
Bem-aventurados os que têm fome e sede de justiça, porque serão saciados.
Bem-aventurados os misericordiosos, porque alcançarão a misericórdia.
Bem-aventurados os puros de coração, porque verão a Deus.
Bem-aventurados os que promovem a paz, porque serão chamados filhos de Deus.
Bem-aventurados os que são perseguidos por causa da justiça, porque deles é o Reino dos Céus.
Bem-aventurados sois, quando vos injuriarem e vos perseguirem e, mentindo, disserem todo o mal contra vós por causa de mim. Alegrai-vos e regozijai-vos, porque será grande a vossa recompensa nos Céus, pois foi assim que perseguiram os profetas que vieram antes de vós" (Mt 5,1-12).

Não é o que o mundo recomenda, muito pelo contrário. Mas esse é o caminho que pode levar a cada um de nós à felicidade. Aqui fica o convite de Jesus: "Quem quiser me seguir, tome a sua cruz e me siga". Há apenas uma promessa de Jesus que muito nos ajuda a fazer esse caminho: "Eu estarei convosco todos os dias, até o fim dos tempos".

Seguindo Jesus, o grande Mestre, seremos felizes e poderemos fazer os outros felizes. Assim, vamos certamente construir um mundo mais fraterno. É um caminho difícil, mas não impossível. Caminhando, vamos recebendo as graças para fazermos a vida segundo o pensamento de Deus.

Índice

Apresentando 3
1. Jesus, o grande Mestre 5
2. Uma carta de amor 9
3. Deus fez todas as coisas 13
4. Quando penso em Deus 17
5. Por que Deus mandou Jesus? 21
6. "Este é meu Filho amado" 25
7. A obediência nos ajuda 29
8. Orar para não cair em tentação 33
9. Ser discípulo de Jesus 37
10. Devemos perdoar sempre? 41
11. Uma lição de amor 45
12. O que é importante? 49
13. Quem quiser ser feliz... 53
14. Ser agradecido sempre 57
15. Cuidado com os maus sentimentos 61
16. Por que é difícil ser bom? 65
17. Será que alguém me ama? 69
18. Deus protege você 73
19. E, depois desta vida, como será? 77
20. Um mundo sem Deus 81
21. As Bem-aventuranças 85